Ist mir doch EGAL

ISABELLA HALBEISEN

Es ist ein schöner Sommertag.
Heute wandern die Kinder des Feriencamps
mit ihrer Erzieherin Tina zu einer Almhütte hoch
oben in den Bergen.

„Folgt den ausgeschilderten Wegen!“,
fordert Tina die Kinder auf.
„Ihr erkennt die Markierungen an der rot-
weißen Farbe, so könnt ihr euch nicht verlaufen.“

Als die Kinder im Wald ankommen, entdeckt Tim, der zum ersten Mal auf eine Alm wandert, einen großen Ameisenhaufen. Er beginnt, mit einem Stock darin herumzustochern.

„Tim! Lass das!“, ruft ihm Tina zu. „Du zerstörst die jahrelange Arbeit dieser fleißigen und nützlichen Waldtiere.“

„Ist mir doch egal!“, schreit Tim und versteckt sich hinter einem Baum.

„Mir aber nicht“, sagt Tina und geht zu den anderen Kindern.

1 Nesteingänge werden nachts gegen eindringende Kälte geschlossen
2 Puppenkammern befinden sich in den höheren Nestregionen
3 Larvenkammer
4 Die Königinnen halten sich in zentraler Lage auf und werden von zahlreichen Arbeiterinnen umsorgt
5 Eierkammer
6 Friedhöfe befinden sich meist etwas abseits
2
5
4

„Wisst ihr, diese kleinen Tierchen sind echte Schwerstarbeiter. Sie können Lasten tragen, die sehr viel schwerer sind, als sie selbst."

„Ooooooh, schaut mal, was die alles tragen... Blätter, Tannennadeln und sogar tote Insekten."

„Und im Inneren gibt es viele Gänge. Da schaut es aus, wie in einem Labyrinth", erklärt Tina weiter. „Also räumen die den Wald auf?", fragt Alex. „So wie ein Wald-Putz-Trupp?"

„Ja, so ungefähr", lacht Tina. Tim schaut neugierig hinter dem Baum hervor. Dann marschiert die Gruppe fröhlich weiter.

Nach einer einstündigen Wanderung
machen sie es sich auf einer Waldlichtung gemütlich.
Sie packen ihre Rucksäcke aus
und kauen hungrig auf ihren Broten herum.

Tim schmollt noch ein wenig
und setzt sich allein unter einen Baum.
Er isst sein Käsebrot, einen Schokoriegel
und trinkt ein wenig Saft.

Danach packt er den Rucksack zusammen.
Den Abfall lässt er einfach liegen.

„Tim! Pack den Abfall in deinen Rucksack.
Er schadet der Natur!“, ruft ihm Tina zu.

„Ist mir doch egal!“,
erwidert Tim und läuft einfach weiter.

Kopfschüttelnd sammelt Tina den Müll in ihren Rucksack
und geht zu den anderen Kindern zurück.

Als Tina und die Kinder Tim im Wald einholen,
ist er gerade dabei, einen Fliegenpilz hoch in die Luft zu kicken.
„Tim, lass doch die Fliegenpilze stehen!
Pilze sind wichtig für das Ökosystem des Waldes“,
ermahnt ihn Tina.

„Ist mir doch egal!“, gibt Tim ihr abermals
zur Antwort und gesellt sich zu den anderen Kindern.

„Was ist das Ööööökosystem?“, fragt Alex.

„Tja, wisst ihr,“ erläutert Tina, „es ist eigentlich ganz einfach zu erklären. Tiere, Pflanzen und Bäume sind keine Einzelkämpfer wie Tim, der sich nicht in die Gruppe einordnen kann. Sie brauchen einander, um überleben zu können.“

„Und was hat das mit den Pilzen zu tun?“, fragt die wissbegierige Lea neugierig. „Wenn sich der Pilz zersetzt, also zu Humus wird, ist das gut für den Säuregehalt des Waldbodens... was dann heißt...“, vollendet Tina den Satz nicht ganz. „...dass wieder neue Pflanzen und Bäume wachsen können“, antworten die Kinder im Chor.

Nur Tim schaut beleidigt.

Nach einem weiteren kurzen Fußmarsch
durch den Wald erreicht die Gruppe die Almwiesen.
„Schaut mal, Kinder! Da oben im hohen Gras steht
ein Reh!“, flüstert Tina leise.

„Uuuuaaaaaaa!“, schreit Tim laut und läuft auf das Reh zu.
Das rennt natürlich schnell weg, so sehr hat es sich erschrocken.

„Das war jetzt echt gemein von dir!“, schimpft Tina.

Aber Tim lacht nur.
„Jetzt ist das Reh fort. Wie schade!“, ruft die kleine Jana.
„Mensch Tim, manchmal bist du echt ein Knallkopf.
Du weißt unsere schöne Umwelt wirklich nicht zu schätzen.
Wieso machst du das? Und dabei… schaut doch mal alle.
Sooo viele schöne Blumen und Schmetterlinge.
Und wie gut es hier riecht!“

„Ja, Kinder“, erklärt Tina, „hier seht ihr Blumen,
die im Tal gar nicht mehr wachsen.
Auf den Bergwiesen wird der Boden nicht gedüngt.
Der Wind verteilt die getrockneten Samen
von Jahr zu Jahr auf den Wiesen.
Somit bleibt die Artenvielfalt erhalten.
Viele dieser Blumen hier stehen unter Naturschutz.“

Da erwischt sie Tim dabei, wie er die Blumen
ausreißt und sie dann achtlos liegen lässt.
„Tim! Lass die Blumen doch wachsen.
So kann sich jeder, der vorbei geht,
daran erfreuen!“, ruft ihm Tina zu.

„Ist mir doch egal!“,
gibt Tim ihr abermals frech zur Antwort.

„Kinder, lasst uns weiter gehen!
Da oben ist die Almhütte,
da machen wir Rast!“, muntert Tina
die etwas müde gewordenen Kinder auf.
Nun möchte jeder der Erste sein!
Alle laufen los! Tim ist der Erste und setzt
sich auf die Bank vor der Hütte.

Er genießt die schöne Aussicht, atmet die gute Luft ein
und mit einem Mal wird ihm bewusst,
wie wertvoll und einzigartig die Bergwelt ist.
Plötzlich tut ihm vieles leid.

Nach und nach kommen alle Kinder und Tina auf der
Almhütte an. Müde und durstig setzen sie sich auf den
warmen Boden vor der Hütte.

„Hört ihr das? Seid doch mal leise!", flüstert Lea.
Alle spitzen die Ohren.

Und da! Jetzt können es die anderen auch hören!
Ein Pfeifen... zuerst etwas leiser,
aber dann hören sie es immer lauter.
„Was ist das?“, fragt die kleine Jana ängstlich.
„Bleibt alle ganz ruhig stehen
und bewegt euch nicht!“, meint Tina.
„Ich habe da was entdeckt! Da oben auf dem Stein,
neben der Tanne sitzt ein Murmeltier.
Das gibt die Pfeiflaute von sich.“

„Ein Murmel- WAAAS?", fragt Alex.

„Na, ein Murmeltier!", entgegnet Tina.
„Wenn ihr wollt, erzähle ich euch was über diese Tiere."
„Au ja", flüstert Lea, „obwohl, bist du dir sicher,
dass das kein Biber ist?"

Da kommt Tim angeschlichen und fragt:
„Duuu, Tina, ich möchte auch etwas über die Murmeltiere erfahren!"
„ Nanu, Tim, ich dachte, dir ist alles egal?" gibt Tina ihm zur Antwort.
„ Neee, jetzt nicht mehr", entgegnet Tim kleinlaut.

„Na dann komm her Timilein.
Setz dich auf meinen Schoß“,
freut sich Tina und beginnt gleich zu erzählen.
„Also, ein Murmeltier hat einen grau-braunen Pelz
und zwei große obere Nagezähne.
Es frisst am liebsten Gräser oder Wurzeln,
aber auch Käfer und Regenwürmer.
Es lebt oberhalb der Waldgrenze und wohnt
mit seiner Familie in einem unterirdischen Höhlenbau.
Im Winter kann eine Höhle bis zu sieben Meter tief sein.“

„Ah, damit es nicht zu kalt hat, wenn es schneit, oder?“,
fragt Alex neugierig.
„Ja genau“, antwortet ihm Tina.
„Im Winter halten die Murmeltiere Winterschlaf und
das für fünf bis sieben Monate.“

„Was? So lange? Dann verhungern die ja“,
ruft Tim ganz entsetzt dazwischen.
„JA, so lange und NEIN, sie verhungern nicht.
Sie fressen sich ja über die Sommermonate ein
dickes Fettpolster an“, erklärt Tina weiter.

„Was du alles weißt!“, staunt Tim.

„Kinder, seht mal! Jetzt sitzen zwei Murmeltiere auf dem Stein", flüstert Tina.
Die Kinder schauen den zwei Murmeltieren noch ein Weilchen begeistert zu. Dann wird es langsam Zeit, den Heimweg anzutreten.

„Oooooh, schade... ich würde so gerne noch
hier bleiben“, meint Tim zu Tina.
„Wie? Du, Tim?“, fragt Tina verwundert.
„Ich dachte, dir bedeutet unsere schöne Umgebung nicht viel,
so wie du sie heute behandelt hast.“

„Ich weiß, Tina,
und es tut mir auch leid,
wie ich mich heute benommen habe“,
sagt Tim bedrückt.
„Aber ich habe jetzt kapiert,
dass man gut auf die Natur Acht geben muss,
damit sie noch lange so schön bleibt.“

„Dann sag doch mal Tim:
Was machen wir NICHT,
wenn wir im Wald oder
in den Bergen unterwegs sind?“,
fragt ihn Tina neugierig.
„Hm, naja,
man darf den Abfall nicht achtlos liegen lassen...
und man darf die Tiere nicht erschrecken
oder deren Behausung einfach kaputt machen...
und die Pflanzen,
die soll man auch nicht einfach ausreißen“,
gibt Tim kleinlaut zur Antwort.

„Brav Tim, da hast du ja heute viel gelernt.
Ich bin echt stolz auf dich!“ sagt Tina
und drückt ihm einen Kuss auf die Stirn.
Und Tim...?
Der drückt Tina ganz fest
und flüstert in ihr Ohr:
„Danke für den schönen Tag!“